AF205404

Impressum
Verlag: BABADADA GmbH, Nedderfeld 112 , 22529 Hamburg
Geschäftsführer / Verlagsleitung: Harald Hof
Druck: Books on Demand GmbH, In de Tarpen 42, 22848 Norderstedt

Imprint
Publisher: BABADADA GmbH, Nedderfeld 112 , 22529 Hamburg, Germany
Managing Director / Publishing direction: Harald Hof
Print: Books on Demand GmbH, In de Tarpen 42, 22848 Norderstedt

škola
shule

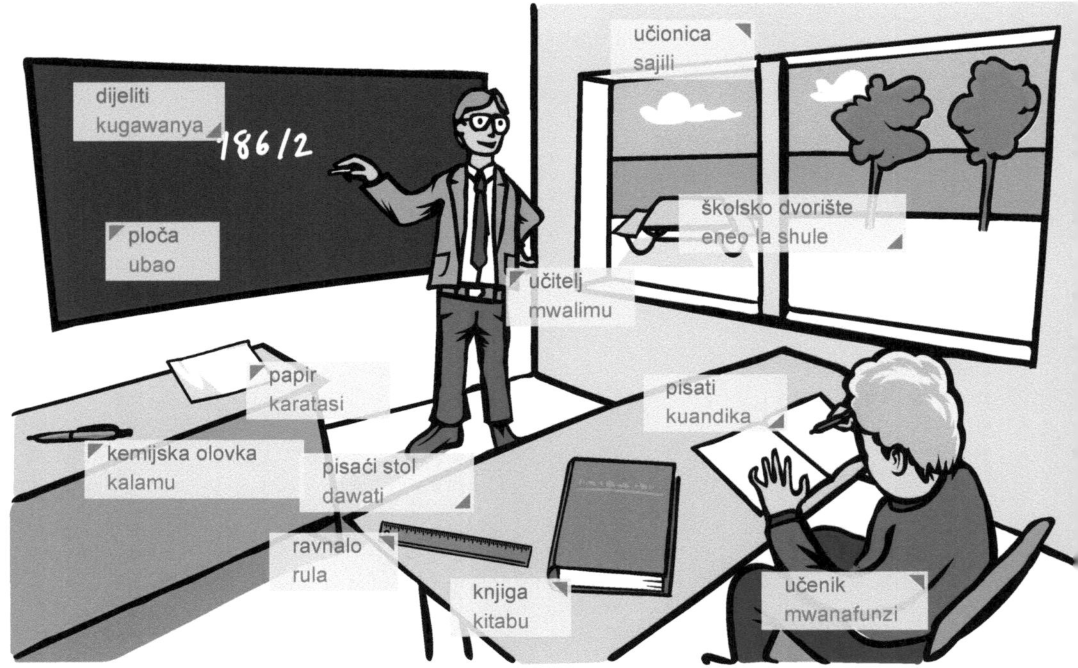
učionica
sajili
dijeliti
kugawanya
186/2
ploča
ubao
školsko dvorište
eneo la shule
učitelj
mwalimu
papir
karatasi
pisati
kuandika
kemijska olovka
kalamu
pisaći stol
dawati
ravnalo
rula
knjiga
kitabu
učenik
mwanafunzi

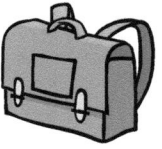

torba
mkoba

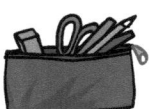

pernica
kikasha cha penseli

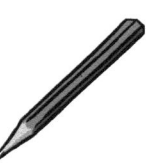

grafitna olovka
penseli

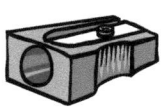

šiljilo za olovke
kichonga penseli

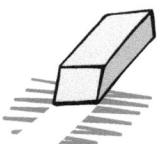

gumica za brisanje
mpira

blok za crtanje
pedi ya kuchora

crtež
uchoraji

kist
brashi ya rangi

kutija s bojama
sanduku la rangi

makaze
mkasi

ljepilo
gundi

bilježnica
daftari

domaći zadatak
kazi ya nyumbani

broj
nambari

sabirati
jumlisha

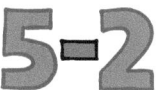

oduzimati
ondoa

množiti
zidisha

računati
kokotoa

slovo
barua

abeceda
alfabeti

riječ
neno

tekst
maandishi

čitati
kusoma

kreda
chaki

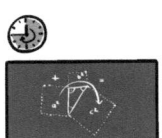

sat
somo

dnevnik
sajili

ispit
uchunguzi

svjedodžba
cheti

školska uniforma
sare za shule

obrazovanje
elimu

leksikon
elezo

sveučilište
chuo kikuu

mikroskop
darubini

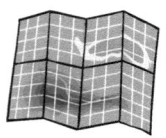

karta
ramani

košara za papir
kikapu cha kuweka karatasi chafu

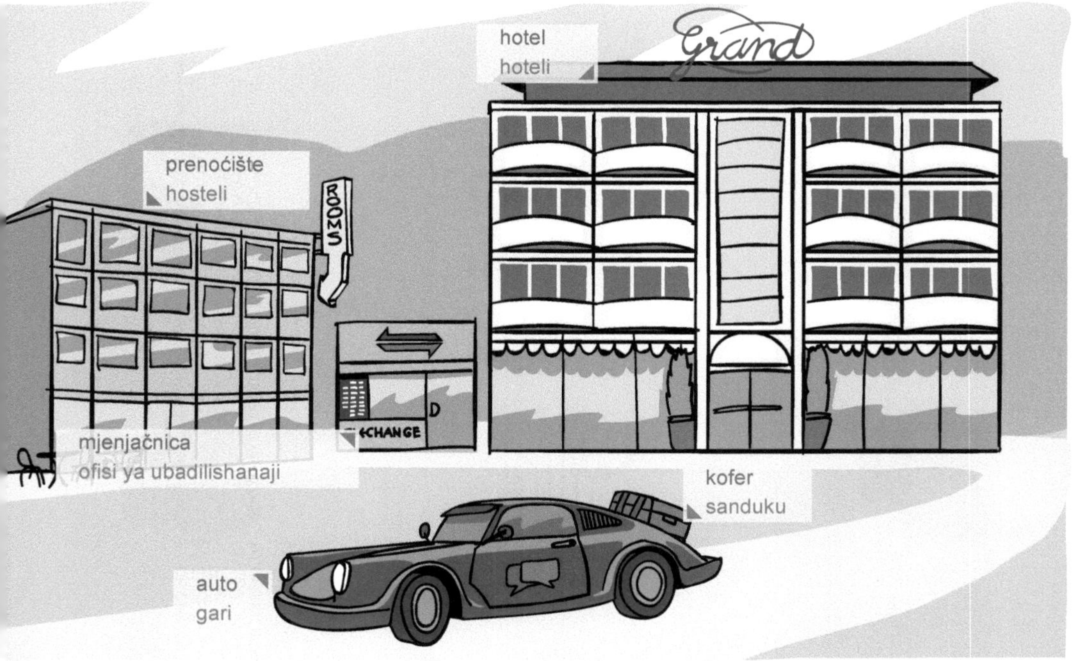

hotel
hoteli
Grand
prenoćište
hosteli
ROOMS
EXCHANGE
mjenjačnica
ofisi ya ubadilishanaji
kofer
sanduku
auto
gari

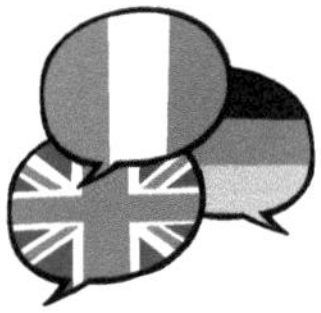

jezik

lugha

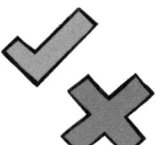

da / ne

ndiyo / la

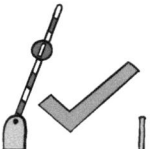

okay

sawa

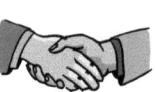

zdravo

hujambo

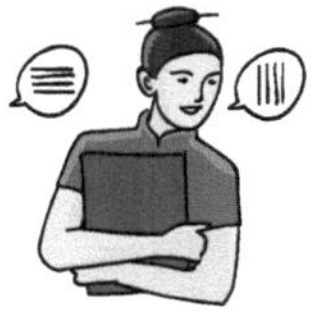

prevoditelj

mtafsiri

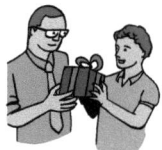

hvala

Asante

Koliko košta...?

kiasi gani ni ...?

ne razumijem

Sielewi

problem

tatizo

dobro veče!

Jioni njema!

Dobro jutro!

Habari za asubuhi!

Laku noć!

Usiku mwema!

doviđenja

kwa heri

smjer

mwelekeo

prtljaga

mizigo

torba

mfuko

ruksak

shanta

gost

mgeni

soba

chumba

vreća za spavanje

begi la kulalia

šator

hema

turističke informacije

taarifa ya utalii

plaža

ufuo

kreditna kartica

kadi

doručak

kifunguakinywa

ručak

chakula cha mchana

večera

chakula cha jioni

karta za vožnju

tiketi

dizalo

kuinua

poštanska markica

muhuri

granica

mpaka

carina

mila

ambasada

ubalozi

viza

visa

putovnica

pasipoti

transport
usafiri

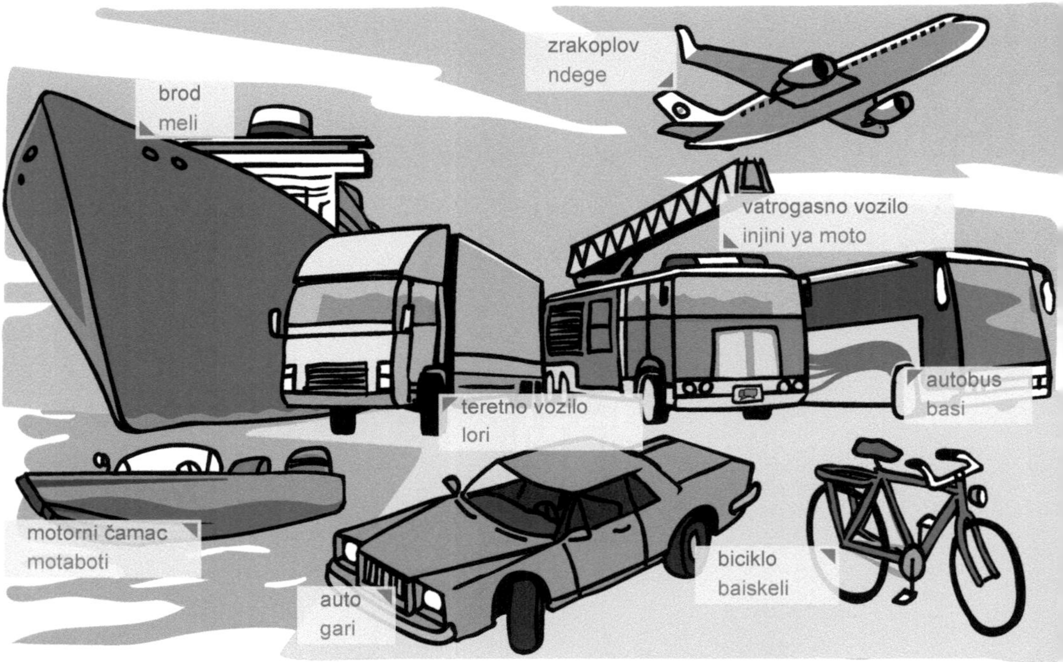
zrakoplov
ndege
brod
meli
vatrogasno vozilo
injini ya moto
autobus
basi
teretno vozilo
lori
motorni čamac
motaboti
biciklo
baiskeli
auto
gari

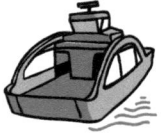

trajekt

feri

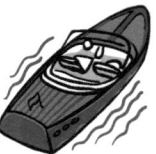

čamac

mashua

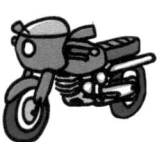

motocikl

pikipiki

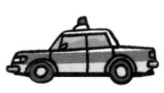

policijski auto

gari la polisi

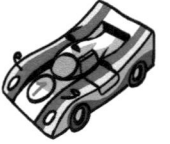

trkaći auto

gari la mashindano

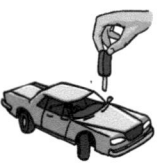

iznajmljeno auto

gari la kukodisha

dijeljenje automobila
....
kushiriki gari

vučno vozilo
....
lori la kuvuta

vozilo za odvoz smeća
....
ukusanyaji taka

motor
....
motor

benzin
....
mafuta

benzinska postaja
....
kituo cha mafuta

prometni znak
....
ishara trafiki

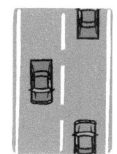

promet
....
trafiki

zastoj
....
msongamano

parkiralište
....
maegesho

kolodvor
....
kituo cha treni

šine
....
reli

vlak
....
garimoshi

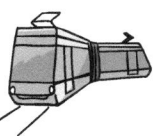

tramvaj
....
tremu

vagon
....
gari la mizigo

helikopter
helikopta

zrakoplovna luka
uwanja wa ndege

toranj
mnara

putnik
abiria

kontejner
chombo

karton
katoni

kolica
mkokoteni

košara
kikapu

uzletjeti / sletjeti
ondoka

grad
jiji

selo
kijiji

centar grada
katikati ya jiji

kuća
nyumba

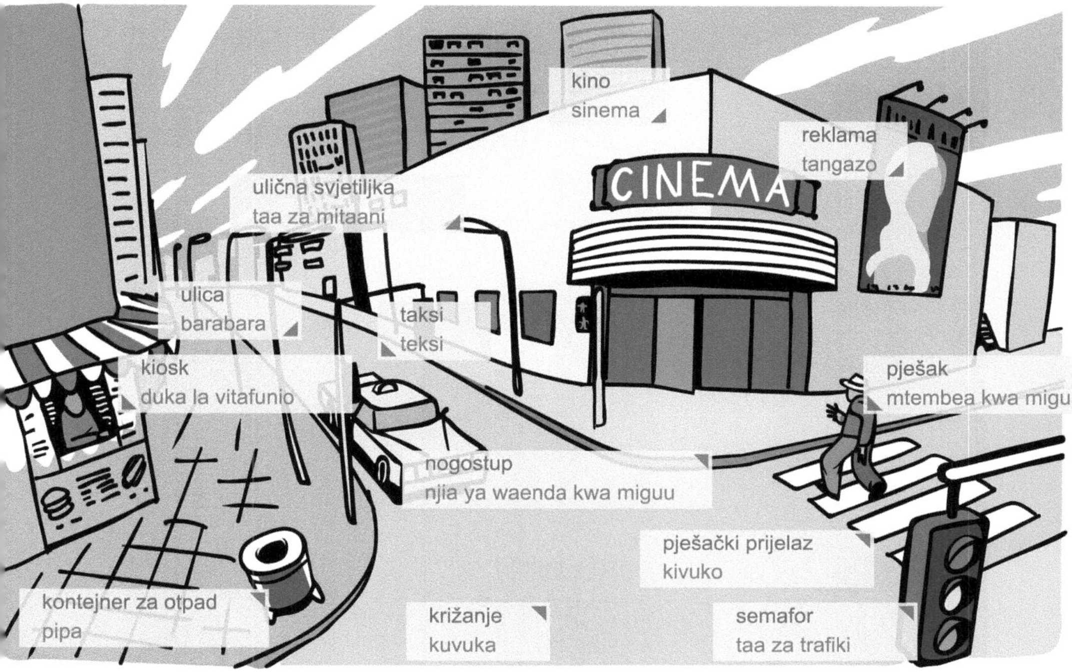

kino
sinema

reklama
tangazo

ulična svjetiljka
taa za mitaani

CINEMA

ulica
barabara

taksi
teksi

kiosk
duka la vitafunio

pješak
mtembea kwa migu

nogostup
njia ya waenda kwa miguu

pješački prijelaz
kivuko

kontejner za otpad
pipa

križanje
kuvuka

semafor
taa za trafiki

koliba
....
kibanda

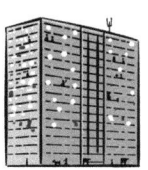

stan
....
gorofa

kolodvor
....
kituo cha treni

vijećnica
....
ukumbi wa mji

muzej
....
Makavazi

škola
....
shule

sveučilište

chuo kikuu

banka

benki

bolnica

hospitali

hotel

hoteli

ljekarna

duka la dawa

ured

ofisi

knjižara

duka la kitabu

prodavaonica

duka

cvjećara

duka la maua

supermarket

dukakuu

trg

soko

robna kuća

idara ya kuhifadhi

ribarnica

mwuza samaki

trgovački centar

kituo cha ununuzi

luka

bandari

park

Hifadhi

klupa

benki

most

daraja

stepenice

vidato

podzemna željeznica

chini ya ardhi

tunel

handaki

autobusna stanica

kituo cha mabasi

bar

bar

restoran

mgahawa

poštansko sanduče

sanduku la posta

ulični znak

ishara ya barabara

parkirni sat

mita ya maegesho

zoološki vrt

bustani ya wanyama

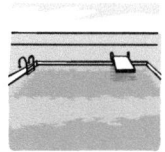

bazen

kidimbwi cha kuogelea

džamija

msikiti

seosko gazdinstvo
shamba

zagađenje okoliša
uchafuzi

groblje
makaburini

crkva
kanisa

igralište
uwanja wa michezo

hram
hekalu

krajolik
mazingira

list
jani

putokaz
ishara ya mwelekeo

put
njia

livada
malisho

kamen
jiwe

šetač
mtembeaji wa masafa

drvo
mti

rijeka
mto

trava
nyasi

cvijet
ua

dolina

bonde

planina

kilima

jezero

ziwa

šuma

msitu

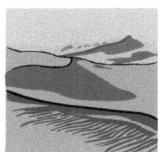

pustinja

jangwa

vulkan

volkano

dvorac

ngome

duga

upinde wa mvua

gljiva

uyoga

palma

mtende

moskito

mbu

muha

kuruka

mrav

chungu

pčela

nyuki

pauk

buibui

buba

mende

žaba

chura

vjeverica

kuchakuro

jež

nungunungu

zec

sungura

sova

bundi

ptica

ndege

labud

swan

divlja svinja

nguruwe mwitu

jelen

kulungu

los

aina ya kongoni

nasip

bwawa

vjetrenjača

tabo ya upepo

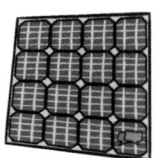

solarna ploča

nishaji ya jua

klima

hali ya hewa

restoran
mgahawa

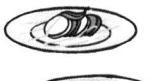

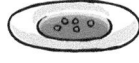

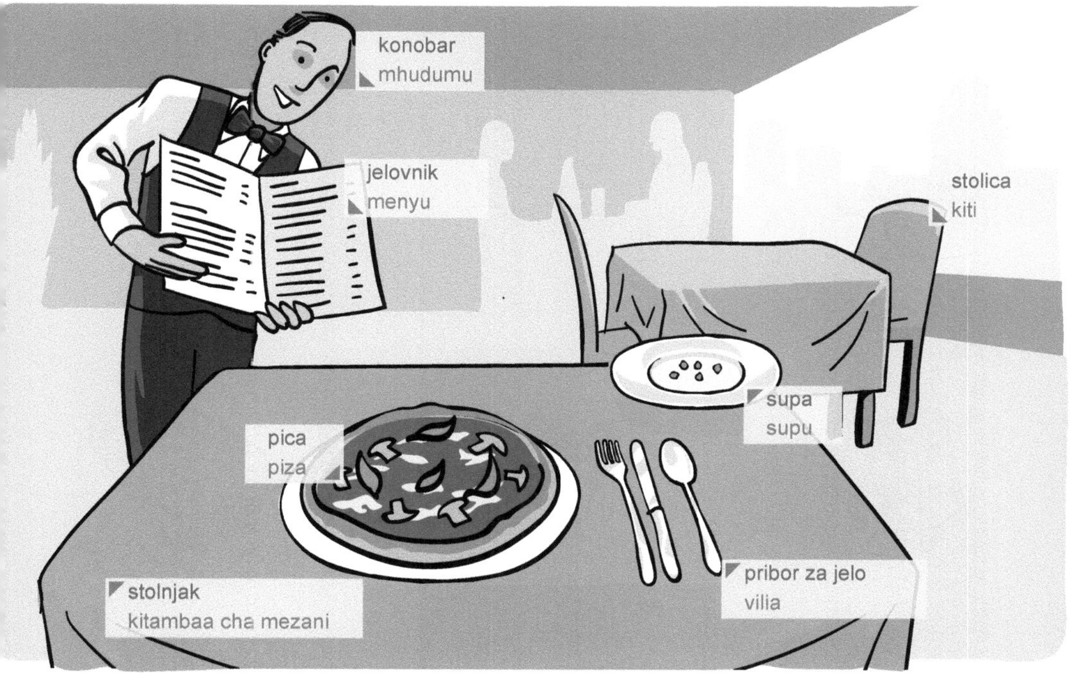
konobar
mhudumu
jelovnik
menyu
stolica
kiti
supa
supu
pica
piza
pribor za jelo
vilia
stolnjak
kitambaa cha mezani

predjelo

kiamsha hamu

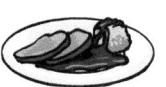

glavno jelo

kozi kuu

desert

kitindamlo

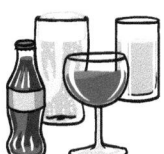

napitci

vinywaji

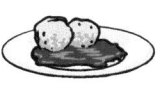

jelo

chakula

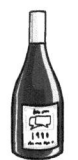

boca

chupa

fastfood

chakula cha haraka

imbis hrana

Streetfood

čajnik

buli

doza za šećer

kisanduku cha sukari

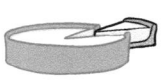

porcija

sehemu

aparat za espresso

mashine ya espresso

visoka stolica

kiti kirefu

račun

muswada

pladanj

trei

nož

kisu

vilica

uma

žlica

kijiko

čajna žlica

kijiko cha chai

ubrus

nepi

čaša

glasi

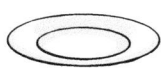

tanjur

sahani

tanjur za supu

sahani ya supu

tanjurić

sufuria

sos

mchuzi

soljenka

kichanyaji chumvi

mlin za biber

kinu cha pilipili

ocat

siki

ulje

mafuta

začini

viungo

kečap

kechapu

senf

haradali

majoneza

kachumbari nzito

supermarket

dukakuu

ponuda
ofa maalum
FOR
kupac
mteja
mliječni proizvodi
maziwa
voće
matunda
kolica za kupnju
toroli

BUTCHERS

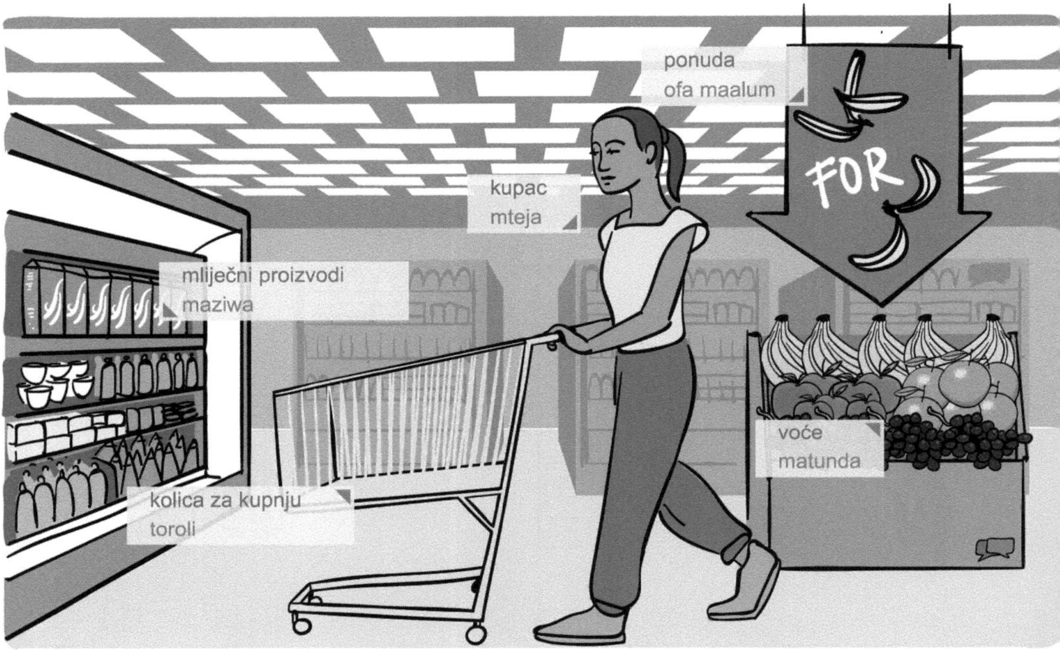

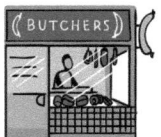

mesnica

mchinjaji

BAKERY

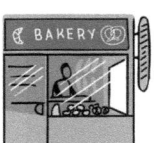

pekarnica

mwokaji

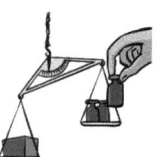

vagati

uzito

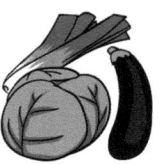

povrće

mboga

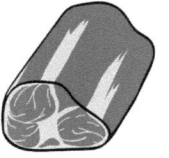

meso

nyama

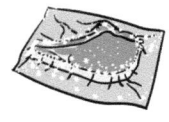

duboko smrznuta hrana

chakula waliohifadhiwa

narezak

vipande vya nyama baridi

konzerve

chakula cha kopo

sredstvo za pranje

sabuni ya unga

slatkiši

pipi

artikli za domaćinstvo

bidhaa za kaya

sredstva za čišćenje

bidhaa za kusafisha

prodavačica

mtu mauzo

blagajna

mpaka

blagajnik

keshia

lista za kupnju

orodha ya manunuzi

vrijeme rada

masaa ya ufunguzi

novčanik

mkoba

kreditna kartica

kadi

torba

mfuko

plastična vrećica

mfuko wa plastiki

voda

maji

sok

sharubati

mlijeko

maziwa

cola

coke

vino

mvinyo

pivo

bia

alkohol

pombe

kakao

kakao

čaj

chai

kava

kahawa

espresso

spreso

cappuccino

kapuchino

banana

ndizi

jabuka

tufaha

naranča

machungwa

lubenica

tikiti

limun

lemon

mrkva

karoti

češnjak

kitunguu saumu

bambus

mianzi

luk

kitunguu

gljiva

uyoga

orašasti plodovi

karanga

rezanci

nudo

špagete
....
spageti

riža
....
mpunga

salata
....
saladi

pomfrit
....
vibanzi

pečeni krumpir
....
viazi vya kukaanga

pica
....
piza

hamburger
....
hambaga

sendvič
....
sandwichi

šnicla
....
kipande

pršut
....
paja la mnyama

salama
....
salami

kobasica
....
soseji

kokoš
....
kuku

pečenje
....
choma

riba
....
samaki

zobene pahuljice

oats ya uji

musli

muesli

kukuruzne pahuljice

cornflakes

brašno

unga

roščić

kroisanti

pecivo

andazi

kruh

mkate

toast

mkate wa kubanika

keksi

biskuti

maslac

siagi

svježi sir

maziwa mgando

kolač

keki

jaje

yai

jaje na oko

yai kukaanga

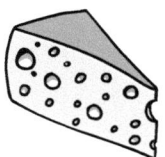

sir

jibini

sladoled

aiskrimu

šećer

sukari

med

asali

marmelada

jemu

nugat krema

kuenea kwa chokoleti

curry

mchuzi wa viungo

jelo - chakula

seosko gazdinstvo
shamba

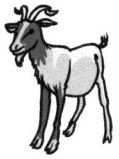

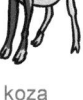

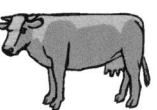

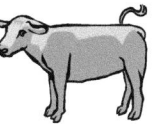

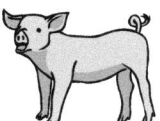

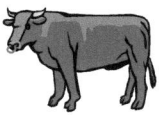

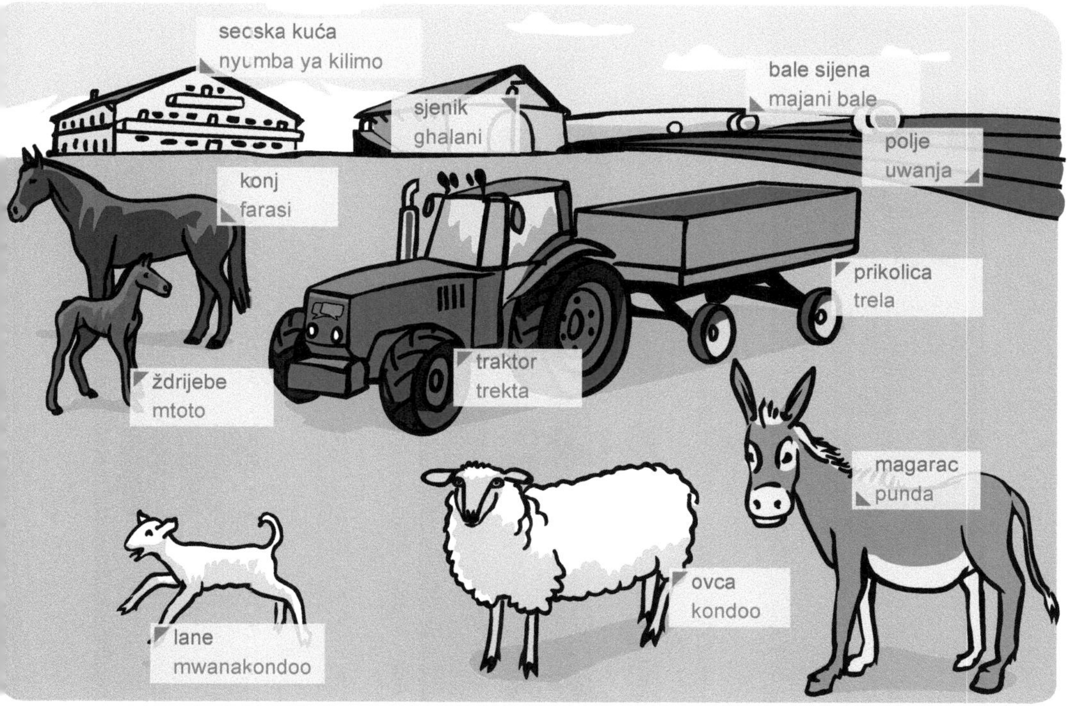
seoska kuća
nyumba ya kilimo
sjenik
ghalani
bale sijena
majani bale
polje
uwanja
konj
farasi
prikolica
trela
traktor
trekta
ždrijebe
mtoto
magarac
punda
ovca
kondoo
lane
mwanakondoo

koza

mbuzi

krava

ng'ombe

tele

ndama

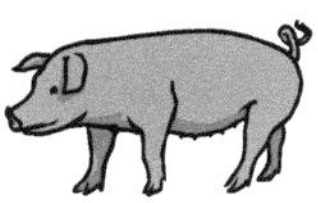

svinja

nguruwe

prase

mwananguruwe

bik

fahali

guska
batabukini

patka
bata

pilići
kifaranga

kokoš
kuku

pijetao
jogoo

pacov
panya

mačka
paka

miš
panya

vol
ng'ombe

pas
mbwa

kućica za psa
nyumba ya mbwa

vrtno crijevo
bomba la bustani

kanta za polijevanje
debe la kumwagilia maji

kosa
fyekeo

plug
kulima

srp
mundu

motika
jembe

vilica za gnojivo
uma wa nyasi

sjekira
shoka

tačke
toroli

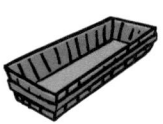

korito
kupitia nyimbo

posuda za mlijeko
chombo cha maziwa

vreća
gunia

ograda
ua

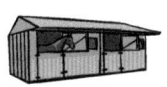

štala
imara

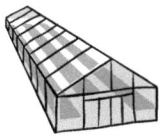

staklenik
chafu

zemlja
udongo

sjeme
mbegu

gnojivo
mbolea

kombajn
kivunaji

žanjati

mavuno

žetva

mavuno

yams začin

viazi vikuu

pšenica

ngano

soja

soya

krumpir

viazi

kukuruz

mahindi

uljana repica

rapa

voćka

mti wa matunda

gomolj manioke

muhogo

žitarice

nafaka

kuća
nyumba

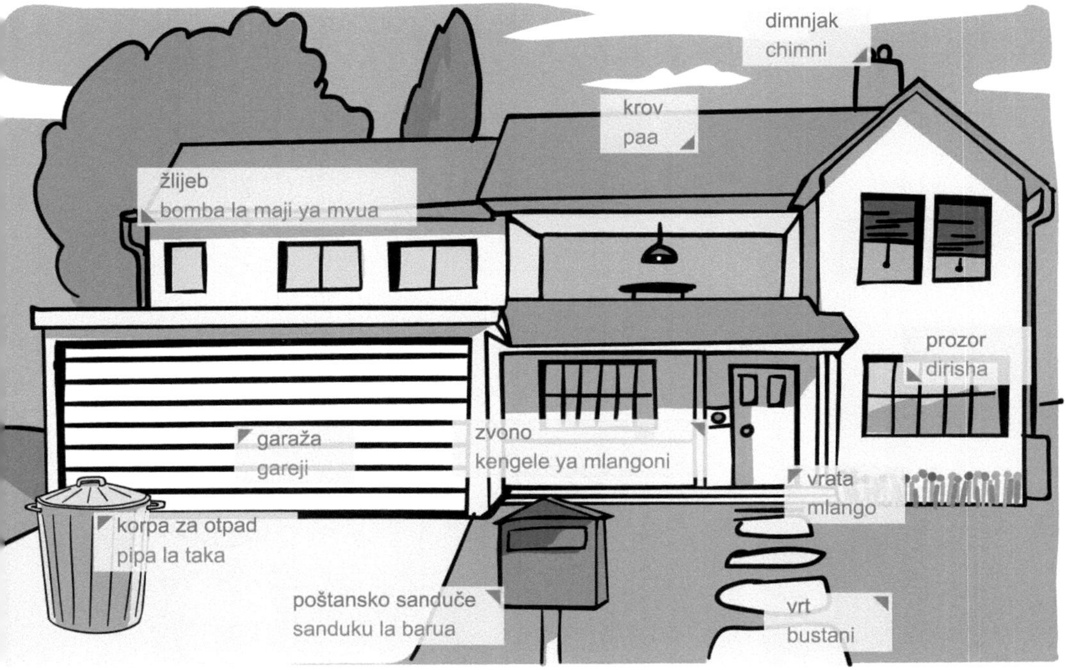
dimnjak
chimni
krov
paa
žlijeb
bomba la maji ya mvua
prozor
dirisha
garaža
gareji
zvono
kengele ya mlangoni
vrata
mlango
korpa za otpad
pipa la taka
poštansko sanduče
sanduku la barua
vrt
bustani

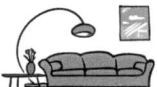

dnevna soba

sebuleni

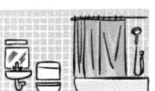

kupaonica

bafu

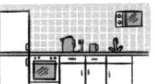

kuhinja

jikoni

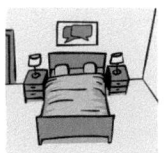

spavaća soba

chumba cha kulala

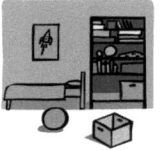

dječija soba

chumba ya mtoto

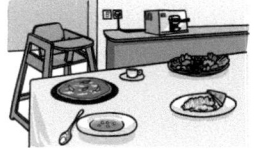

trpezarija

chumba cha kulia

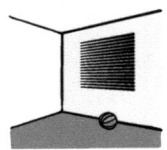

pod

sakafu

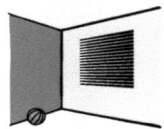

zid

ukuta

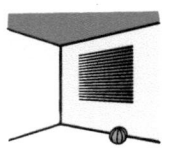

strop

dari

podrum

pishi

sauna

sauna

balkon

roshani

terasa

mtaro

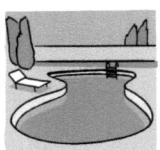

bazen

kidimbwi

kosilica za travu

mashine ya kukata nyasi

posteljina za krevet

karatasi

deka za krevet

kitambaa cha kupamba
kitanda

krevet

kitanda

metla

ufagio

kanta

ndoo

sklopka

kubadili

dnevna soba
sebuleni

tapeta
mandhari
slika
picha
svjetiljka
taa
regal
rafu
ormar
kabati
televizija
televisheni/runinga
kamin
mekoni
cvijet
ua
jastuk
mto
kauč
sofa
vaza
chombo cha maua
daljinski upravljač
kitenzambali

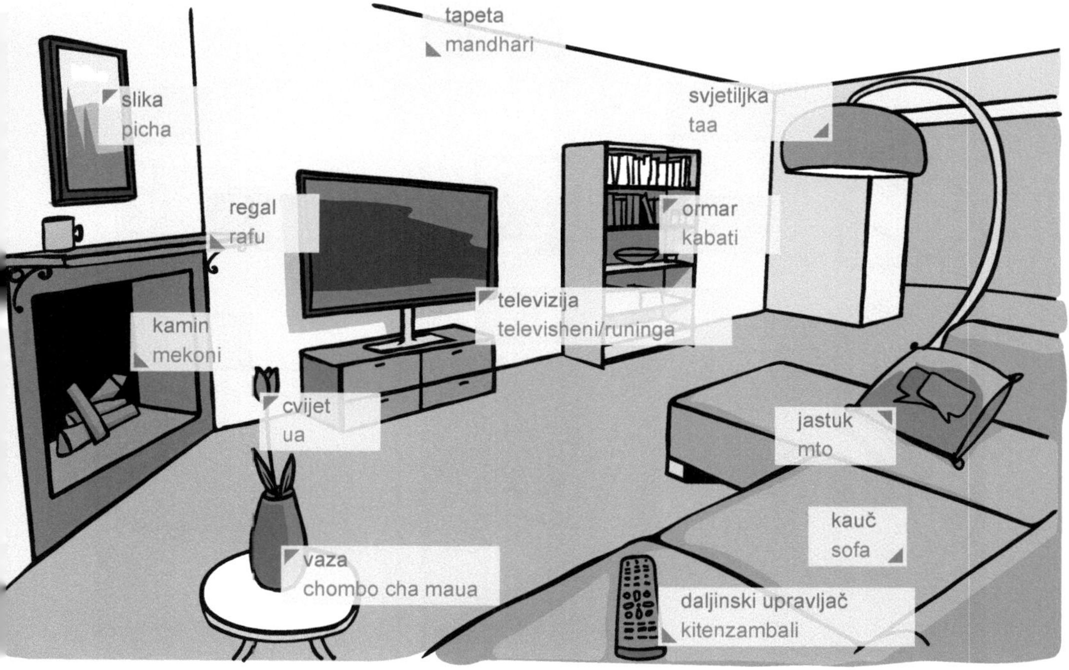

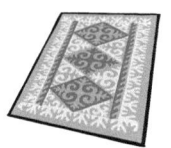

tepih

zulia

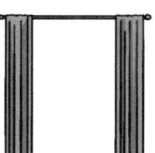

zavjesa

pazia

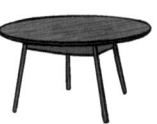

stol

meza

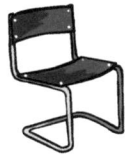

stolica

kiti

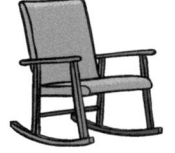

stolica za njihanje

kiti cha bembea

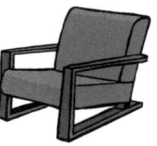

fotelja

armchair

knjiga

kitabu

deka

blanketi

dekoracija

mapambo

drvo za ogrjev

kuni

film

filamu

stereo uređaj

kifaa cha hi-fi

ključ

ufunguo

novine

gazeti

slika na platnu

uchoraji

poster

bango

radio

redio

blok za pisanje

daftari

usisavač

kifyonza

kaktus

dungusi kakati

svijeća

mshumaa

kuhinja
jikoni

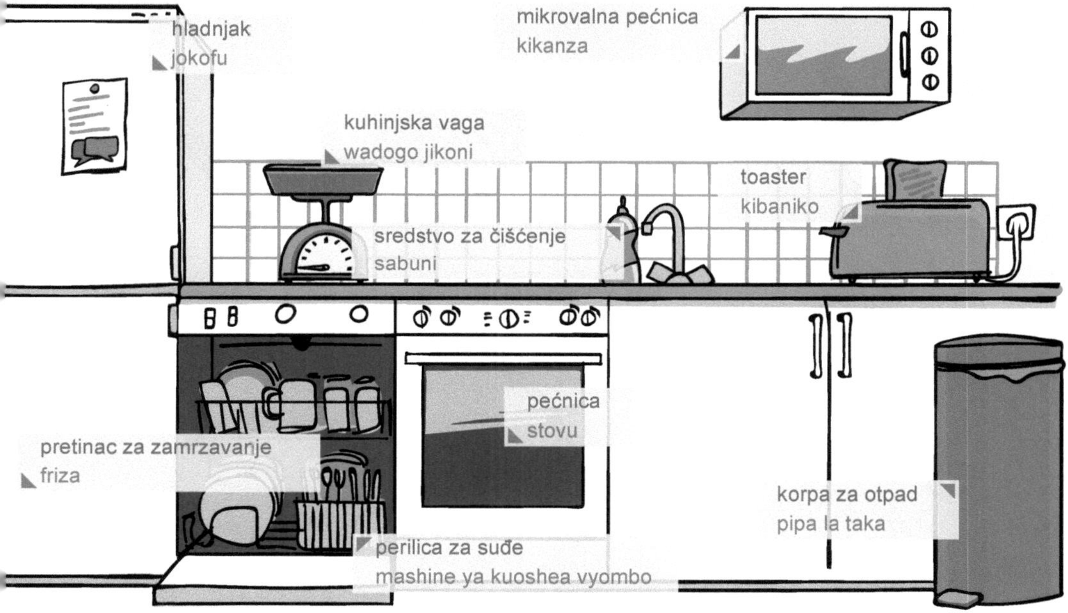
hladnjak
jokofu
mikrovalna pećnica
kikanza
kuhinjska vaga
wadogo jikoni
toaster
kibaniko
sredstvo za čišćenje
sabuni
pećnica
stovu
pretinac za zamrzavanje
friza
korpa za otpad
pipa la taka
perilica za suđe
mashine ya kuoshea vyombo

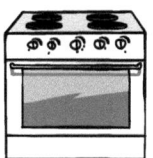

štednjak

jiko la kupika

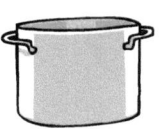

lonac

chungu

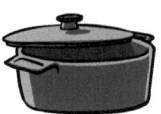

željezni lonac

sufuria ya chuma

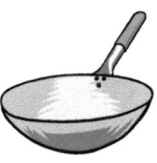

wok / kadai

wok / kadai

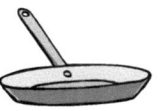

tava

kaango

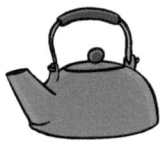

kuhalo za vodu

birika

kuhalo na paru

stima

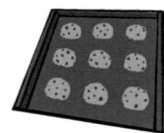

lim za pečenje

sinia ya kuoka

posuđe

vyombo vya udongo

čaša

kombe

zdjela

bakuli

štapići za jelo

vijiti vya kulia

kutljača

ukawa

lopatica

mwiko mpana

pjenjača

burashi

sito za kuhanje

kichujio

sito

chujio

ribež

mbuzi

mužar

chokaa

roštilj

barbeque

ognjište

moto wazi

daska

ubao wa majaribio

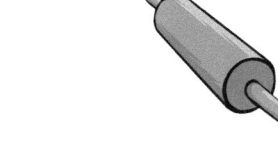

oklagija

kijiti cha kusukuma unga

vadičep

kizibuo

konzerva

kopo

otvarač konzervi

inaweza kopo

krpa za lonac

kishikio cha chungu

sudoper

karo

četka

brashi

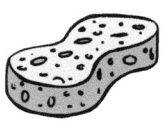

spužva

sifongo

mikser

kisagaji matunda

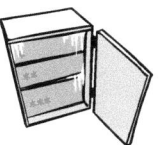

zamrzivač

friji ya kina

bočica za bebe

chupa ya mtoto

slavina za vodu

bomba

kupaonica
bafu

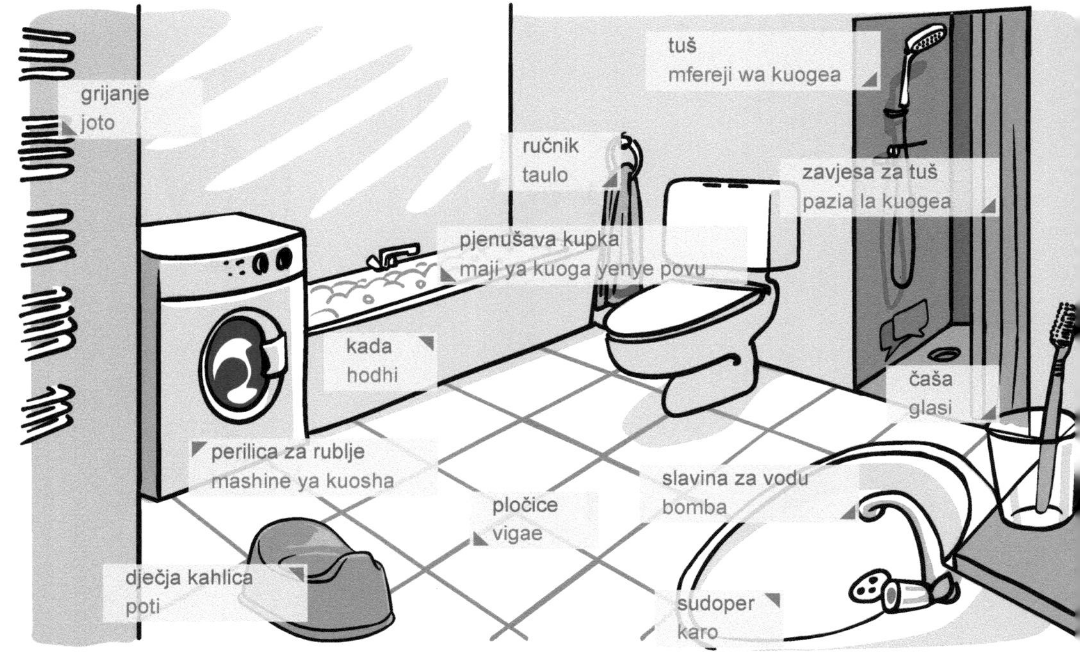

grijanje
joto
tuš
mfereji wa kuogea
ručnik
taulo
zavjesa za tuš
pazia la kuogea
pjenušava kupka
maji ya kuoga yenye povu
kada
hodhi
čaša
glasi
perilica za rublje
mashine ya kuosha
slavina za vodu
bomba
pločice
vigae
dječja kahlica
poti
sudoper
karo

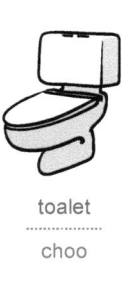

toalet

choo

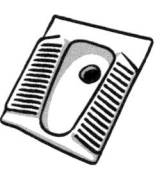

čučavac

choo cha squat

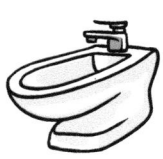

bidet

beseni la mviringo

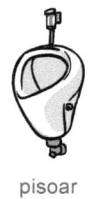

pisoar

choo cha umma

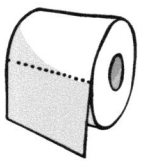

papir za toalet

shashi

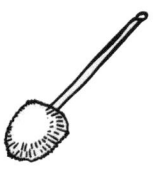

četka za toalet

brashi ya choo

četkica za zube

mswaki

pasta za zube

dawa ya meno

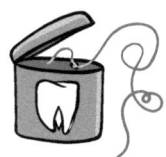

konac za zube

dawa ya meno

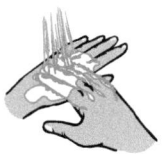

prati

safisha

tuš ručica

kuoga mkono

tuš za pranje intimnih dijelova

msukumo wa maji

lavor

bonde

četka za pranje leđa

mpako wa pili

sapun

sabuni

gel za tuširanje

jeli ya kuogea

šampon

shampuu

krpa za pranje

flana

odvod

toa maji

krema

krimu

dezodorans

kiondoa harufu

ogledalo

kioo

kozmetičko ogledalo

kioo mkono

brijač

kinyozi

pjena za brijanje

povu la kunyoa

losion za poslije brijanja

baada ya kunyoa

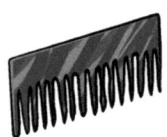

češalj

kichana

četka

brashi

sušilo za kosu

kikausha nywele

sprej za kosu

marashi ya nyewele

makeup

vipodozi

ruž za usne

kidomwa

lak za nokte

varnish ya msumari

vata

pamba

škare za nokte

mkasi wa kucha

parfem

manukato

neseser

mkoba wa kuosha

stolica

kinyesi

vaga

mizani

ogrtač

nguo ya kuoga

rukavice za čišćenje

glavu za mpira

tampon

kisodo

uložak

sodo

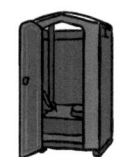

kemijski toalet

kemikali choo

dječija soba
chumba ya mtoto

budilnik
saa ya kengele
plišana igračka
kidoli cha kupakata
auto igračka
gari bandia
zvečka
kelele
kućica za lutke
chumba cha midoli
poklon
sasa

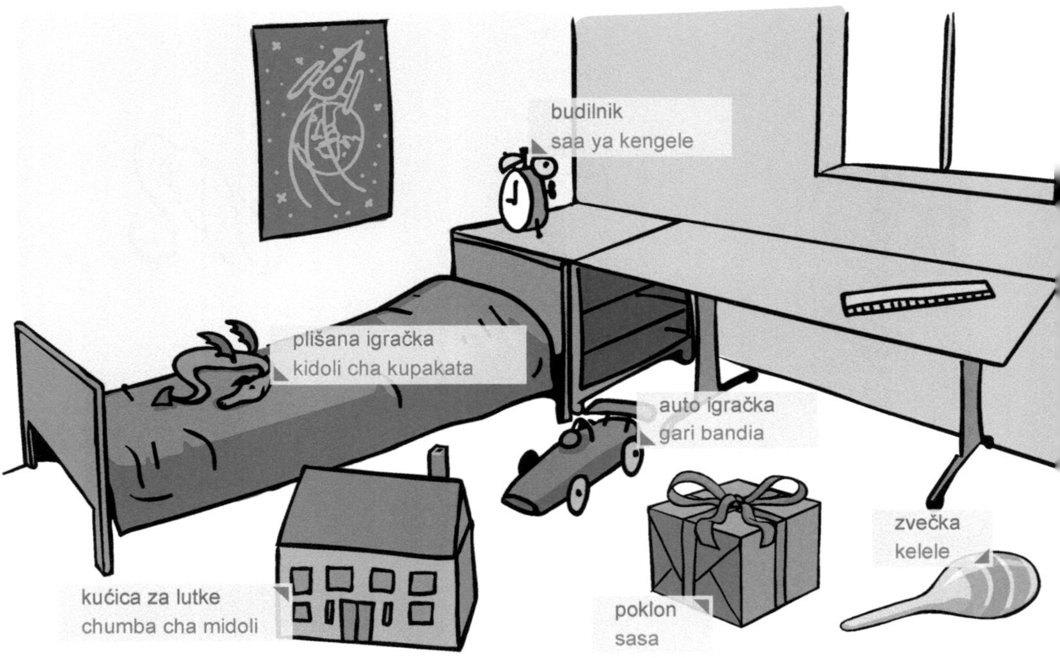

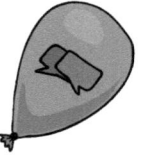

balon

baluni

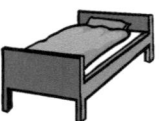

krevet

kitanda

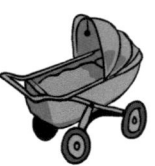

dječija kolica

mashua

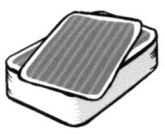

igra s kartama

staha ya kadi

slagalica

mchezo-fumb

SUPER MEGA

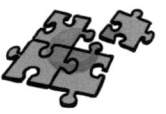

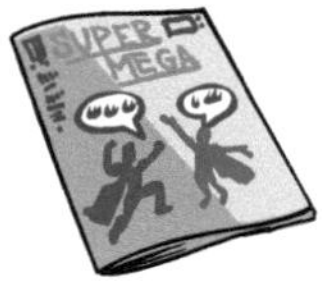

strip

vichekesho

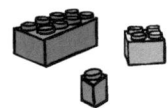

lego kockice

matofali lego

kockice za slaganje

vitalu mwigo

akcioni junak

hatua takwimu

kombinezon za bebe

suti ya kulalia

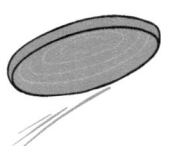

frizbi

kisahani

viseće igračke

simu

društvene igre

ubao wa michezo

kocka

kete

minijaturna željeznica

garimoshi mwigo

duda

dummy

tulum

chama

slikovnica

picha kitabu

lopta

mpira

lutka

kikaragosi

igrati

kucheza

pješčanik

shimo la mchanga

ljuljačka

bembea

igračka

vitu bandia

konzola za igre

kiweko cha video ya mchezo

tricikl

baiskeli ya magurudumu

plišani medo

mwanasesere

ormar

kabati

matatu

kratke čarape

soksi

čarape

stokingi

hulahopke

kibano

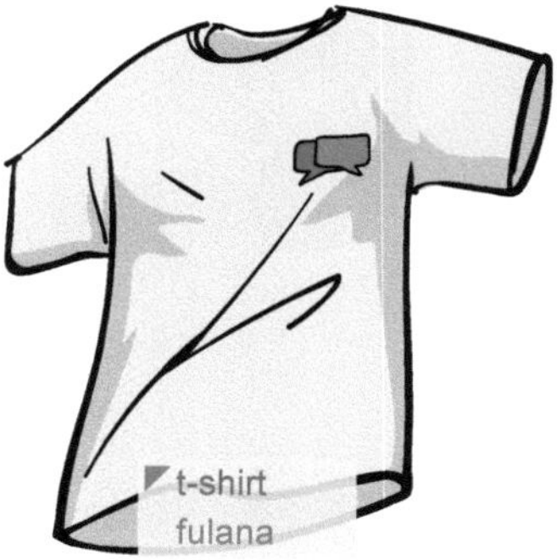

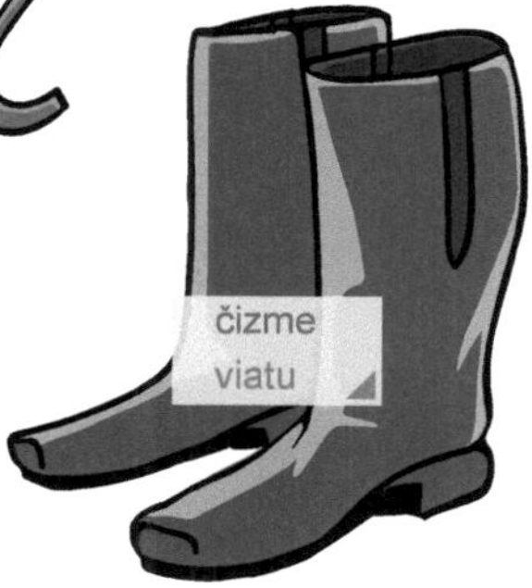

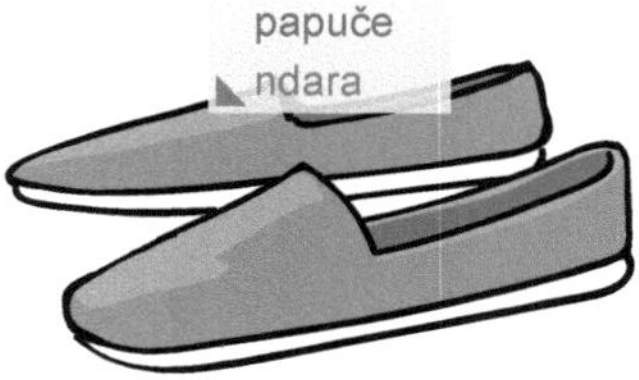

šal
skafu

kaiš
ukanda

kišobran
mwavuli

t-shirt
fulana

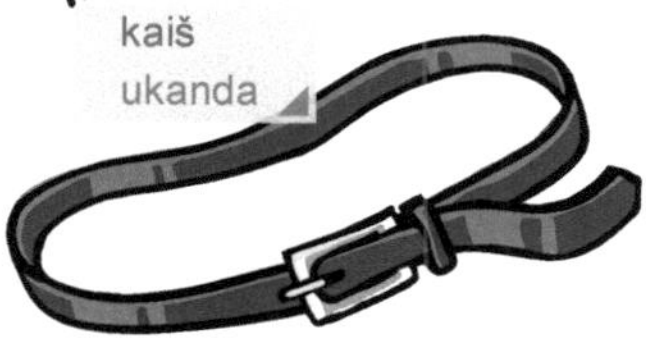

čizme
viatu

papuče
ndara

patike
wakufunzi

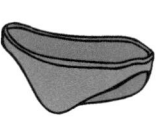

sandale
....
malapa

cipele
....
viatu

gumene čizme
....
mabuti ya mpira

gaćice
....
suruali ya ndani

grudnjak
....
sidiria

potkošulja
....
fulana

bodi
mwili

hlače
suruali

džins
dangirizi

haljina
sketi

bluza
blauzi

košulja
shati

džemper
vuta

pulover s kapuljačom
sweta

blejzer
bleza

jakna
jaketi

kaput
koti

kabanica
koti la mvua

kostim
maleba

haljina
gauni

vjenčanica
mavazi ya harusi

odijelo

suti

spavaćica

vazi la usiku

pidžama

pajama

sari

sari

rubac

skafu

turban

kilemba

burka

burka

kaftan

kaftan

abaja

abaya

kupaći kostim

vazi la kuogelea

kupaće gaćice

vazi la kiume la kuogelea

kratke hlače

kaptura

odjeća za trening

teitei

pregača

aproni

rukavice

glavu

gumb

kifungo

naočale

glasi

narukvica

bangili

ogrlica

mkufu

prsten

pete

naušnica

herini

kapa

kofia

vješalica

kiango cha koti

šešir

kofia

kravata

tai

patent zatvarač

zipu

kaciga

kofia

naramenice

kanda za suruali

školska uniforma

sare za shule

uniforma

sare

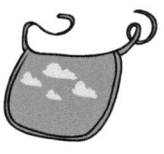

podbradak

bibu

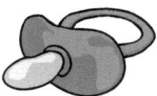

duda

dummy

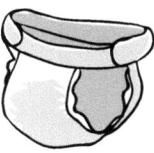

pelena

nepi

ured
ofisi

server
seva
ormar za spise
kabati la kuweka faili
papir
karatasi
pisač
kichapishaji
monitor
kiwambo
pisaći stol
dawati
miš
kipanya
mapa
folda
tipkovnica
kibodi
ra za papir
ou cha kuweka karatasi chafu
stolica
kiti
računar
kompyuta

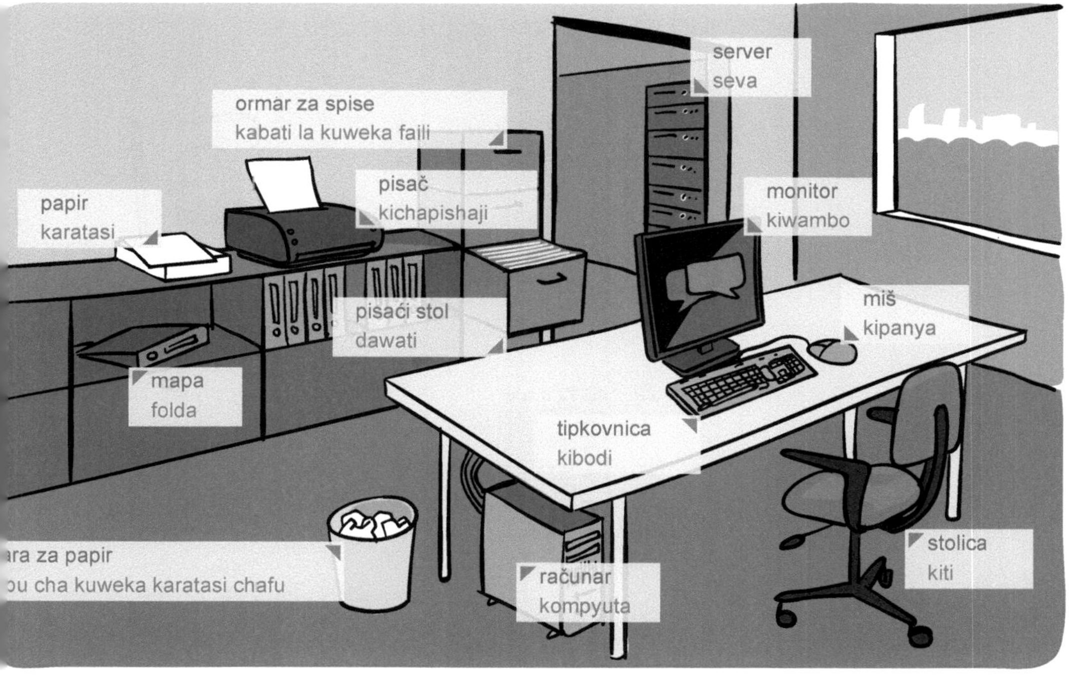

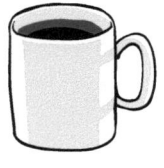

šalica za kavu

kmobe la kahawa

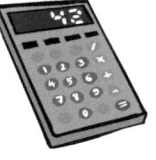

kalkulator

kikokotoo

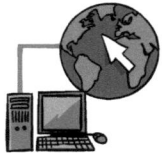

internet

biashara

laptop

mbali

pismo

barua

poruka

ujumbe

mobilni telefon

rununu

mreža

intaneti

uređaj za kopiranje

fotokopia

softver

programu

telefon

simu

utičnica

soketi

faks

kipepesi

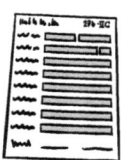

obrazac

fomu

dokument

hati

kupovati

kununua

platiti

kulipa

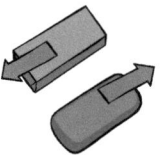

trgovati

biashara

novac

fedha

dolar

dola

euro

yuro

jen

yeni

rubalj

rouble

švicarski franak

faranga ya Uswisi

renmindbi yuan

renminbi yuan

rupija

rupia

automat za novac

eneo la kulipia

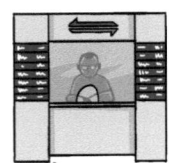

mjenjačnica

ofisi ya ubadilishanaji

zlato

dhahabu

srebro

fedha

nafta

mafuta

energija

nishati

cijena

bei

ugovor

mkataba

porez

kodi

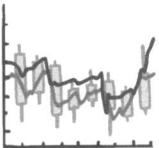

dionica

bidhaa

raditi

kazi

službenik

mfanyakazi

poslodavac

mwajiri

tvornica

kiwanda

prodavaonica

duka

policajac
afisa wa polisi

vatrogasac
mzimamoto

kuhar
mpishi

liječnik
daktari

pilot
rubani

vrtlar

mtunza bustani

stolar

seremala

krojačica

mshonaji

sudija

hakimu

kemičar

mwanakemia

glumac

muigizaji

vozač autobusa

dereva wa basi

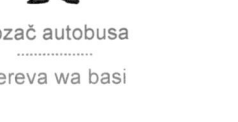

vozač taksija

dereva wa teksi

ribar

mvuvi

čistačica

mwanamke wa kusafisha

krovopokrivač

mwezekaji

konobar

mhudumu

lovac

mwindaji

slikar

mchoraji

pekar

mwokaji

električar

umeme

građevinski radnik

mjenzi

inženjer

mhandisi

mesar

mchinjaji

limar

fundi bomba

poštar

mwanaposta

vojnik

mwanajeshi

arhitekta

msanifu majengo

blagajnik

keshia

cvjećar

muuza maua

frizer

msusi

kondukter

kondakta

mehaničar

mekanika

kapetan

nahodha

zubar

daktari wa meno

znanstvenik

mwanasayansi

rabi

rabbi

imam

imamu

monah

mtawa

svećenik

kasisi

alati
zana

čekić
nyundo
kliješta
koleo
odvijač
bisibisi
ključ za vijke
spana
džepna svjetiljka
kurunzi

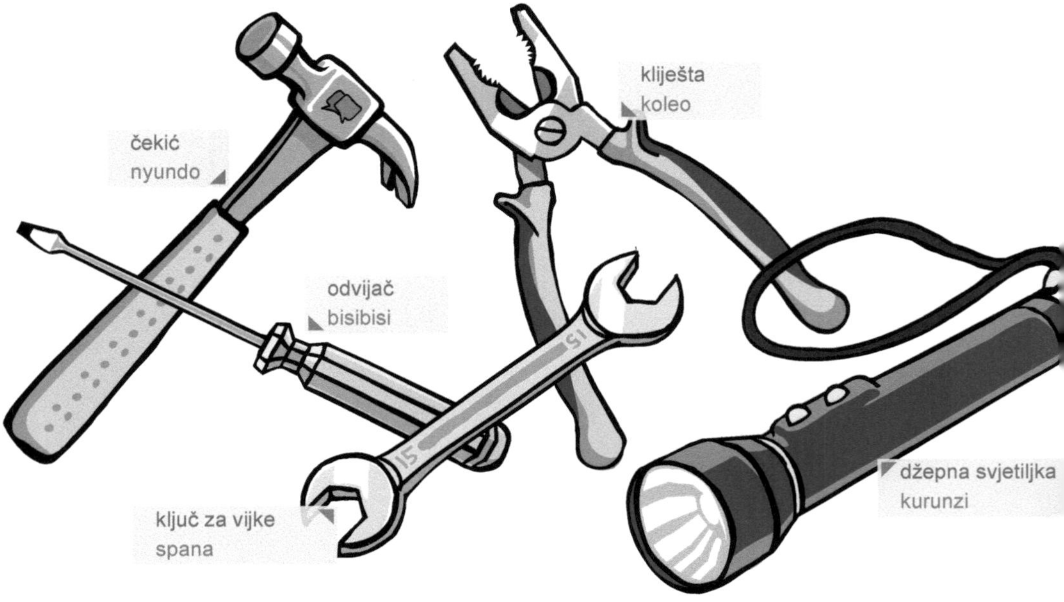

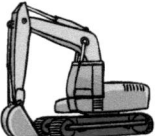

rovokopač

mchimbaji

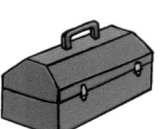

kutija za alat

sanduku la vifaa

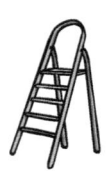

ljestve

ngazi

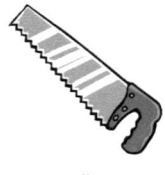

pila

msumeno

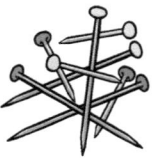

ekser

misumari

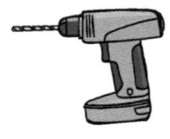

bušilica

kuchimba visima

popraviti
kukarabati

lopata
sepetu

Sranje!
Lo!

lopatica
kishikio cha uchafu

lonac za boju
chungu cha rangi

vijci
skurubu

glazbeni instrument
ala za muziki

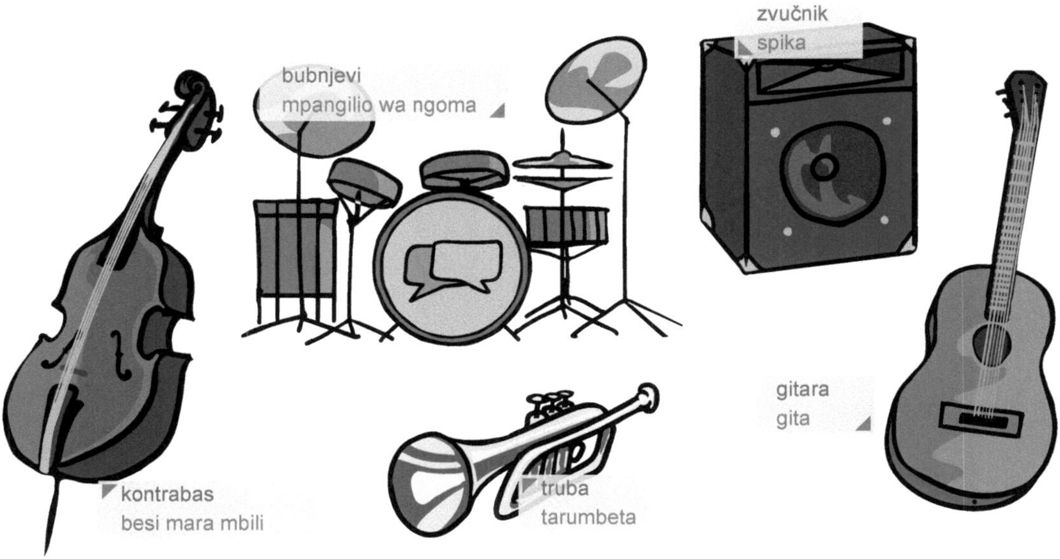

zvučnik
spika

bubnjevi
mpangilio wa ngoma

gitara
gita

kontrabas
besi mara mbili

truba
tarumbeta

klavir

piano

violina

fidla

bas

ubeji

timpani

timpani

udaraljke za bubnjeve

ngoma

keyboard

kibodi

saksofon

saksafoni

flauta

filimbi

mikrofon

maikrofoni

zoološki vrt

bustani ya wanyama

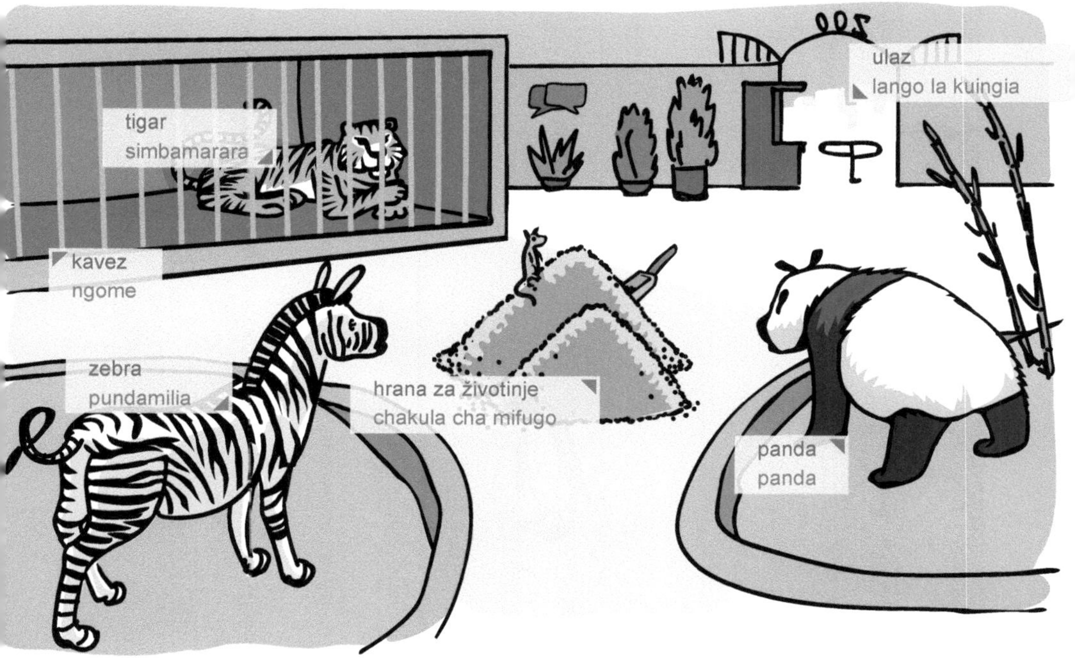

ulaz
lango la kuingia
tigar
simbamarara
kavez
ngome
zebra
pundamilia
hrana za životinje
chakula cha mifugo
panda
panda

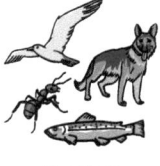

životinje

wanyama

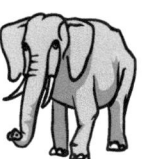

slon

tembo

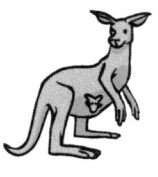

kengur

kangaruu

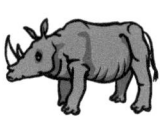

nosorog

kifaru

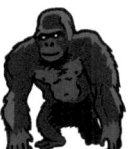

gorila

sokwe

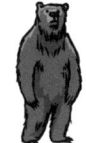

medvjed

dubu

kamila

ngamia

noj

mbuni

lav

simba

majmun

tumbili

flamingo

heroe

papagaj

kasuku

polarni medvjed

dubu

pingvin

penguini

ajkula

papa

paun

tausi

zmija

nyoka

krokodil

mamba

čuvar u zoološkom vrtu

mtunza wanyama

tuljan

muhuri

jaguar

jaguar

poni

mwanafarasi

leopard

chui

nilski konj

kiboko

žirafa

twiga

orao

tai

divlja svinja

nguruwe mwitu

riba

samaki

kornjača

kobe

morž

sili

lisica

mbweha

gazela

paa

američki nogomet
soka ya marekani

biciklizam
uendeshaji baiskeli

tenis
tenisi

košarka
mpira wa kikapu

plivanje
kuogelea

boks
ndondi

hockey na ledu
magongo ya barafuni

nogomet
soka

badminton
vinyoya

atletika
riadha

rukomet
mpira wa mikono

skijanje
skii

polo
polo

62

aktivnosti
shughuli

smijati se
cheka
skočiti
kuruka
zagrliti
kumbatia
ići
kutembea
pjevati
kuimba
sanjati
ota ndoto
moliti se
kuomba
poljubiti
busu

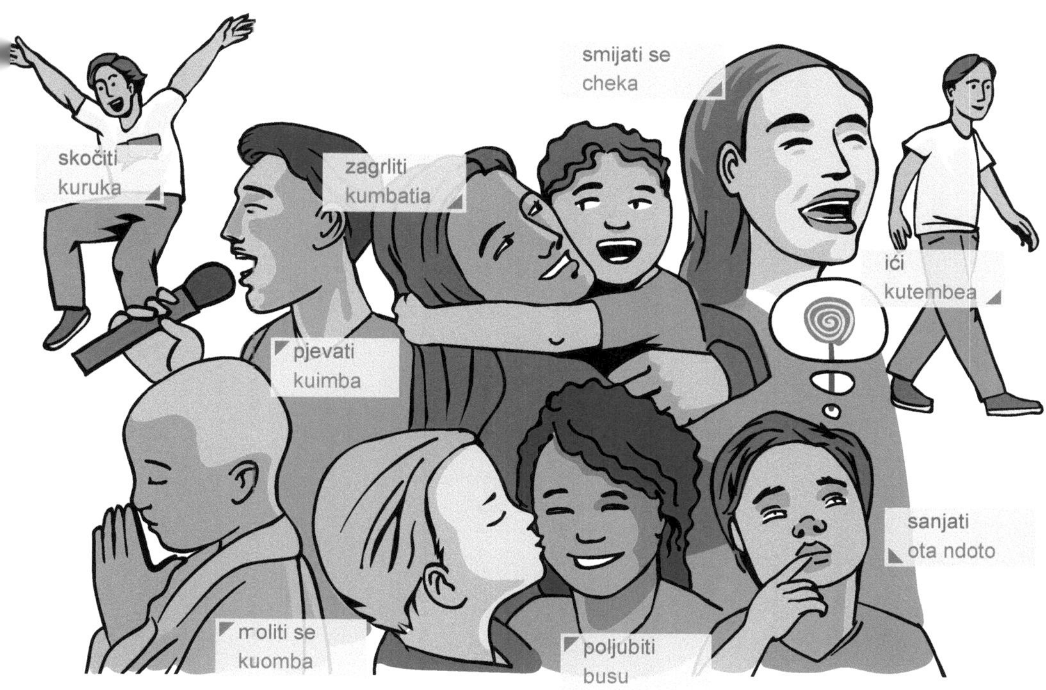

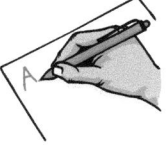

pisati

kuandika

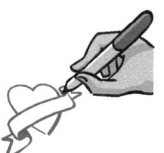

crtati

kuteka

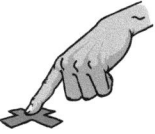

pokazati

angalia

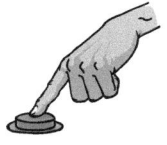

gurati

sukuma

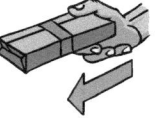

dati

kutoa

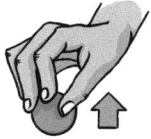

uzeti

kuchukua

imati

kuwa

činiti

fanya

biti

kuwa

stojati

kusimama

trčati

kukimbia

povlačiti

vuta

baciti

kutupa

padati

kuanguka

ležati

hadaa

čekati

kusubiri

nositi

kubeba

sjediti

kukaa

oblačiti

vaa nguo

spavati

usingizi

probuditi se

kuamka

gledati

kuangalia

plakati

lia

milovati

kiharusi

češljati

chana nywele

govoriti

ongea

razumjeti

kuelewa

pitati

kuuliza

slušati

kusikiliza

piti

kunywa

jesti

kula

pospremiti

nadhifisha

voljeti

upendo

kuhati

mpishi

voziti

gari

letjeti

kuruka

ploviti

meli

računati

kokotoa

čitati

kusoma

učiti

kujifunza

raditi

kazi

vjenčati se

kuoa

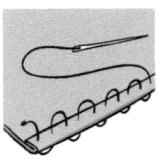

šiti

kushona

prati zube

piga mswaki

ubiti

kuua

pušiti

moshi

poslati

kutuma

obitelj
familia

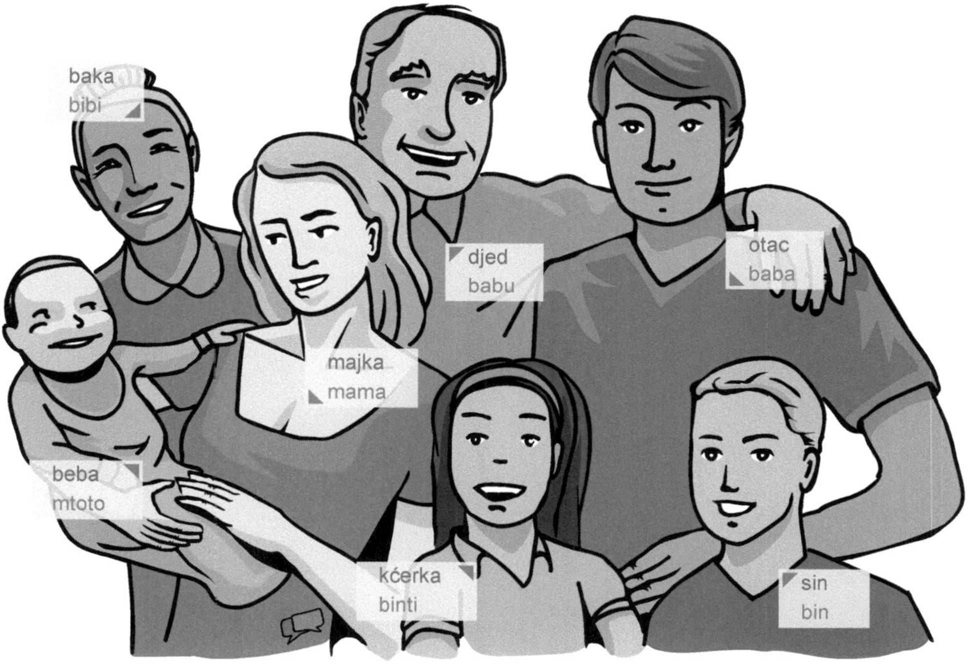

baka
bibi
djed
babu
otac
baba
majka
mama
beba
mtoto
kćerka
binti
sin
bin

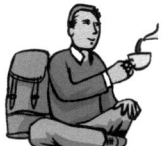

gost

mgeni

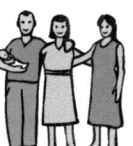

tetka

shangazi

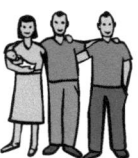

ujak, stric

mjomba

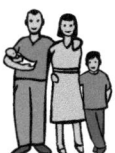

brat

kaka

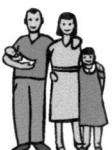

sestra

dada

tijelo
mwili

čelo
paji la uso
oko
jicho
rame
bega
prst
kidole
lice
uso
brada
kidevu
ruka
mkono
noga
mguu
grudi
matiti
ruka
mkono

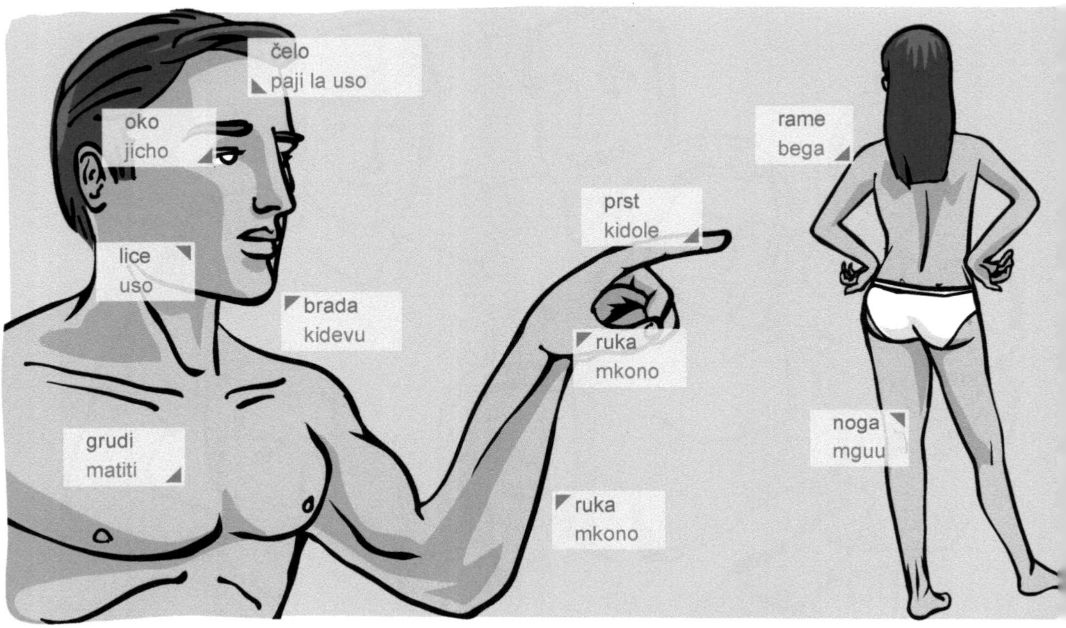

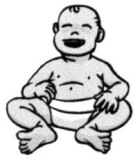

beba
mtoto

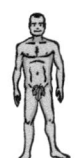

muškarac
mwanamume

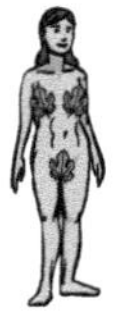

žena
mwanamke

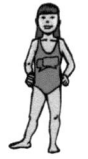

djevojčica
msichana

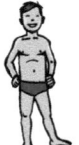

dječak
mvulana

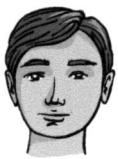

glava
kichwa

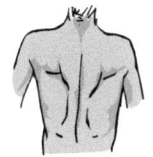

leđa

nyuma

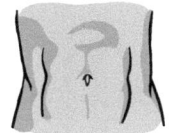

trbuh

tumbo

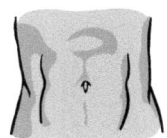

pupak

kitovu

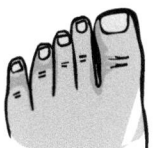

nožni prst

chano

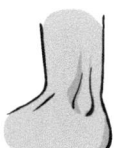

peta

kisigino

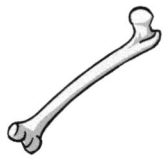

kost

mfupa

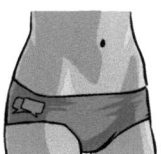

kuk

nyonga

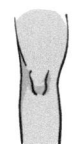

koljeno

goti

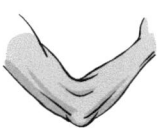

lakat

kiwiko

nos

pua

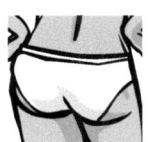

stražnjica

chini

koža

ngozi

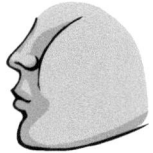

obraz

shavu

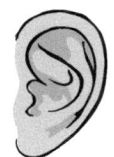

uho

sikio

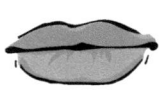

usna

mdomo

usta

kinywa

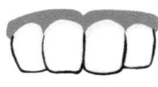

zub

jino

jezik

ulimi

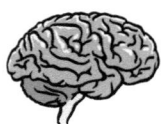

mozak

ubongo

srce

moyo

mišić

misuli

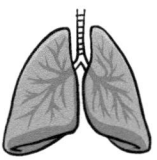

pluća

pafu

jetra

ini

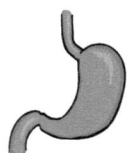

želudac

tumbo

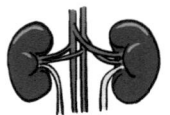

bubrezi

figo

snošaj

jinsia

kondom

kondomu

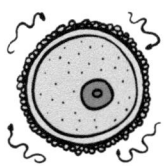

jajna stanica

ovari

sperma

shahawa

trudnoća

mimba

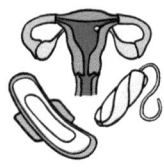

menstruacija
....
hedhi

vagina
....
uke

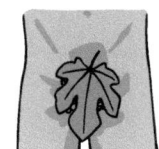

penis
....
uume

obrva
....
unyusi

kosa
....
nywele

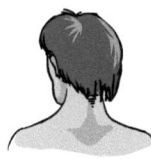

vrat
....
shingo

bolnica
hospitali

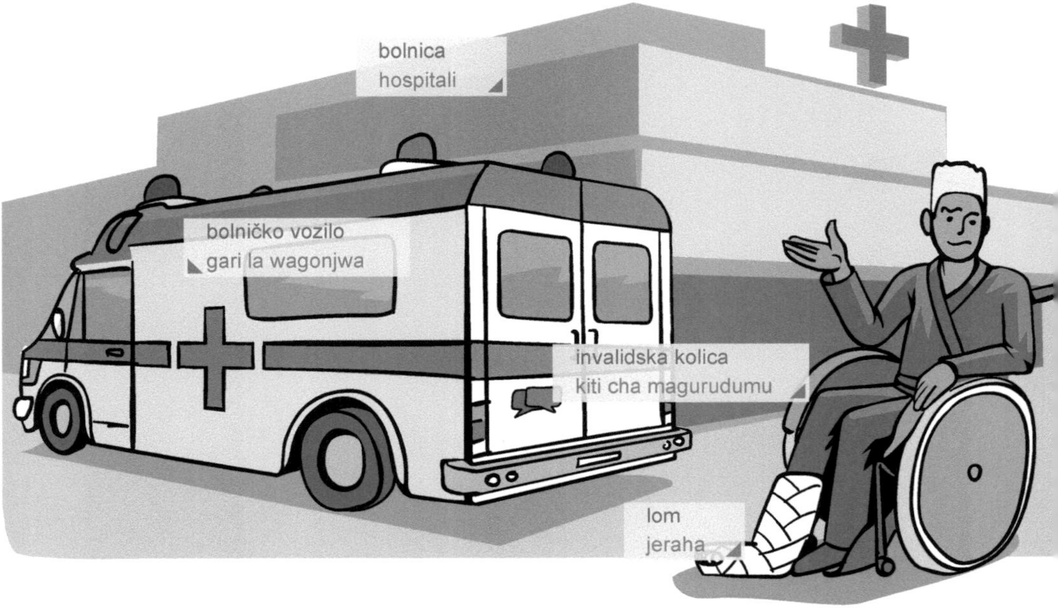

bolnica
hospitali
bolničko vozilo
gari la wagonjwa
invalidska kolica
kiti cha magurudumu
lom
jeraha

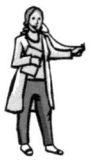

liječnik

daktari

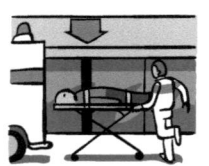

hitna medicinska služba

chumba cha dharura

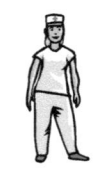

medicinska sestra

muuguzi

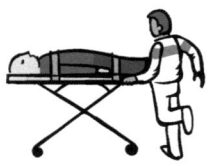

hitni slučaj

dharura

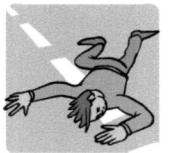

nesvijest

kupoteza fahamu

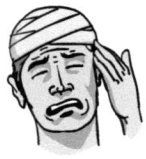

bol

maumivu

ozljeda

kuumia

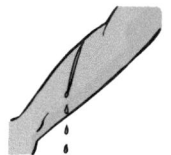

krvarenje

kutokwa na damu

srćani infarkt

mshtuko wa moyo

moždani udar

kiharusi

alergija

mzio

kašalj

kikohozi

groznica

homa

gripa

mafua

proljev

kuharisha

glavobolja

maumivu ya kichwa

rak

kansa

dijabetes

ugonjwa wa kisukari

kirurg

daktari mpasuaji

skalpel

kisu kidogo cha kupasulia

operacija

operesheni

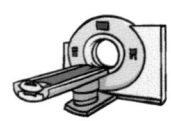

ct
....
picha changanufu ya mwili

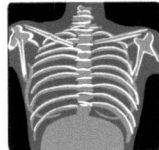

rentgen
....
Eksrei

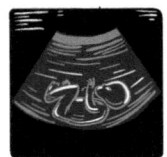

ultrazvuk
....
mawimbi sauti

maska
....
barakoa ya uso

bolest
....
ugonjwa

čekaonica
....
chumba cha kusubiri

štaka
....
mkongojo

flaster
....
plasta

zavoj
....
bendeji

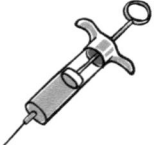

injekcija
....
sindano

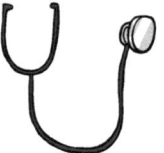

stetoskop
....
stetoskopu

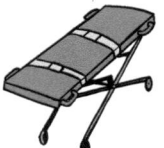

nosilo
....
machela

termometar
....
kipimajoto cha kliniki

rođenje
....
kuzaliwa

prekomjerna težina
....
unene kupita kiasi

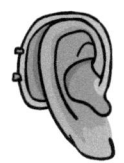

slušni aparat

kusikia misaada

sredstvo za dezinfekciju

kipukusi

infekcija

maambukizi

virus

virusi

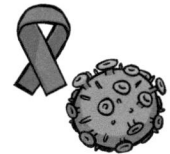

hiv / sida

VVU / UKIMWI

medicina

dawa

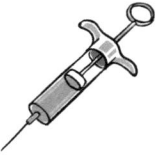

vakcinacija

chanjo

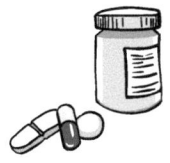

tablete

vidonge

pilula

kidonge

poziv u pomoć

simu ya dharura

uređaj za mjerenje tlaka

haemodainamometa

bolesno / zdravo

mgonjwa / mwenye afya

pomoć!

Msaada!

alarm

kengele

nasrtaj

pigo

napad

shambulizi

opasnost

hatari

izlaz za nuždu

lango la dharura

požar!

Moto!

vatrogasni aparat

kizima moto

nezgoda

ajali

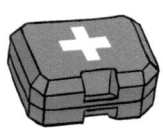

kofer prve pomoći

vifaa vya huduma ya
kwanza

sos

wito wa msaada

policija

polisi

Europa

Ulaya

sjeverna amerika

Amerika ya Kaskazini

južna amerika

Amerika ya Kusini

Afrika

Afrika

Azija

Asia

Australija

Australia

Atlantik

Atlantiki

Pacifik

Pasifiki

ocean

Bahari ya Hindi

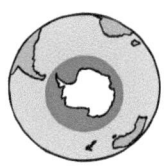

antarktički ocean

Bahari ya Antaktiki

arktički ocean

Bahari ya Aktiki

sjeverni pol

Ncha ya Kaskazini

južni pol

Ncha ya Kusini

Antarktik

Antaktika

zemlja

dunia

zemlja

nchi

more

bahari

otok

kisiwa

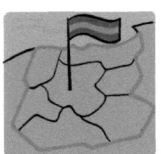

nacija

taifa

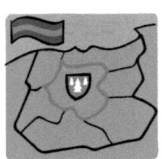

država

jimbo

brojčanik sata

uso wa saa

satna kazaljka

akrabu ya saa

minutna kazaljka

akrabu ya dakika

sekundna kazaljka

akrabu ya sekunde

Koliko je sati?

Ni saa ngapi?

dan

siku

vrijeme

wakati

sada

sasa

digitalni sat

saa ya dijitali

minuta

dakika

sat

saa

ponedjeljak
Jumatatu

srijeda
Jumatano

petak
Ijumaa

utorak
Jumanne

subota
Jumamosi

četvrtak
Alhamisi

nedjelja
Jumapili

jučer
jana

danas
leo

sutra
kesho

jutro
asubuhi

podne
saa sita mchana

večer
jioni

radni dani
siku za biashara

vikend
mwishoni mwa wiki

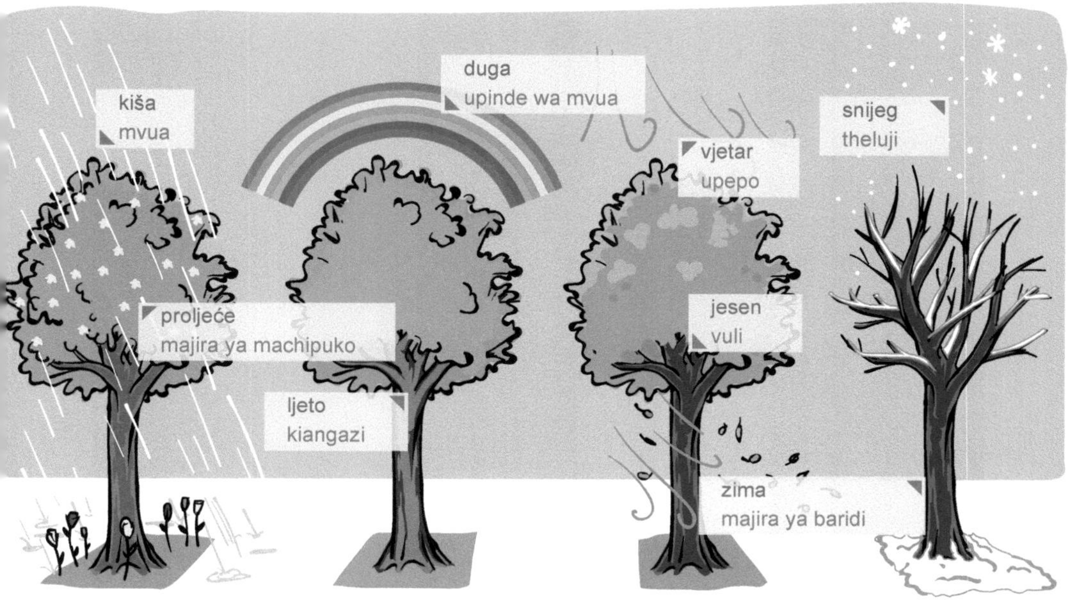

kiša
mvua
duga
upinde wa mvua
snijeg
theluji
vjetar
upepo
proljeće
majira ya machipuko
jesen
vuli
ljeto
kiangazi
zima
majira ya baridi

4.APRIL 11°
5.APRIL 4°
6.APRIL 13°
7.APRIL 8°
8.APRIL 10°

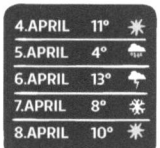

meteorološka prognoza

utabiri wa hali ya hewa

F C
120 40
90 30
60 20
30 10
0 0
-30 -10
-20

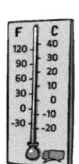

termometar

kipimajoto

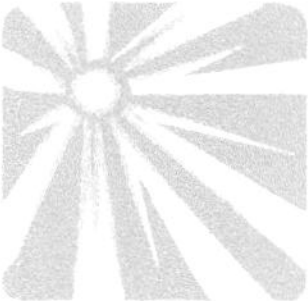

sunčana svjetlost

mwanga wa jua

oblak

wingu

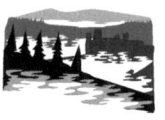

magla

ukungu

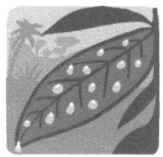

vlažnost zraka

unyevu

munja

umeme

grmljavina

radi

oluja

dhoruba

tuča

mvua ya mawe

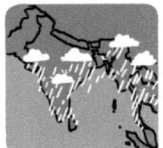

monsun

monsuni

poplava

mafuriko

led

barafu

siječanj

Januari

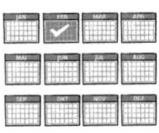

veljača

Februari

ožujak

Machi

travanj

Aprili

svibanj

Mei

lipanj

Juni

srpanj

Julai

kolovoz

Agosti

godina - mwaka

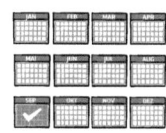

rujan
....
Septemba

listopad
....
Oktoba

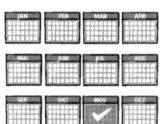

studeni
....
Novemba

prosinac
....
Desemba

oblici
maumbo

krug
....
mduara

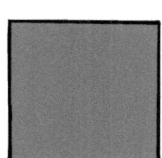

kvadrat
....
mraba

pravokutnik
....
mstatili

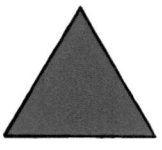

trokut
....
pembetatu

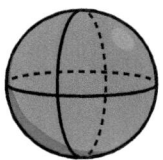

kugla
....
nyanja

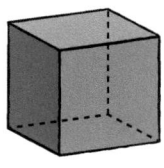

kocka
....
mchemraba

bijela

nyeupe

žuta

manjano

narančasta

chungwa

ružičasta

rangi ya waridi

crvena

nyekundu

ljubičasta

hudhurungi

plava

bluu

zelena

kijani

smeđa

hanja

siva

jivujivu

crna

nyeusi

mnogo / malo

mengi / kidogo

ljutito / mirno

hasira / pole

lijepo / ružno

nzuri / mbaya

početak / kraj

mwanzo / mwisho

veliko / maleno

kubwa / ndogo

svijetlo / tamno

angavu / giza

brat / sestra

kaka / dada

čisto / prljavo

safi / chafu

potpuno / nepotpuno

kamilika / tokamilika

dan / noć

siku / usiku

mrtvo / živo

wafu / hai

široko / usko

pana / nyembamba

jestivo / nejestivo

kulika / kutolika

zlo / dobro

ovu / ema

uzbuđeno / dosadno

sisimkwa / udhika

debelo / mršavo

nene / nyembamba

na početku / na kraju

kwanza / mwisho

prijatelj / neprijatelj

rafiki / adui

puno / prazno

jaa / tupu

tvrdo / mekano

ngumu / laini

teško / lagano

nzito / nyepesi

glad / žeđ

njaa / kiu

bolesno / zdravo

mgonjwa / mwenye afya

ilegalno / legalno

haramu / kisheria

pametno / glupo

akili / kijinga

lijevo / desno

kushoto / kulia

blizu / daleko

karibu / mbali

novo / rabljeno

mpya / kutumika

ništa / nešto

kitu / jambo

staro / mlado

zee / changa

uključeno / isključeno

waka / zima

otvoreno / zatvoreno

wazi / fungwa

tiho / glasno

utulivu / kelele

bogato / siromašno

tajiri / masikini

točno / pogrešno

sahihi / kosa

hrapavo / glatko

mbaya / laini

tužno / sretno

huzunika / furahia

kratko / dugo

fupi /ndefu

polako / brzo

polepole / haraka

mokro / suho

nyevu / kavu

toplo / hladno

joto / baridi

rat / mir

vita / amani

0

nula

sufuri

1

jedan

moja

2

dva

mbili

3

tri

tatu

4

četiri

nne

5

pet

tano

6

šest

sita

7

sedam

saba

8

osam

nane

9

devet

tisa

10

deset

kumi

11

jedanaest

kumi na moja

12
dvanaest

kumi na mbili

13
trinaest

kumi na tatu

14
četrnaest

kumi na nne

15
petnaest

kumi na tano

16
šestnaest

kumi na sita

17
sedamnaest

kumi na saba

18
osamnaest

kumi na nane

19
devetnaest

kumi na tisa

20
dvadeset

ishirini

100
stotinu

mia

1.000
tisuću

elfu

1.000.000
milijun

milioni

engleski

Kiingereza

američko engleski

Kiingereza cha Marekani

kinesko mandarinski

Kimandarini cha Uchina

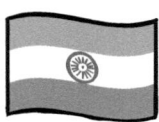

hindi

Kihindi

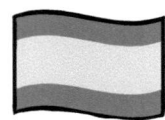

španjolski

Kihispania

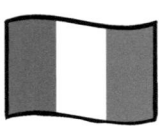

francuski

Kifaransa

arapski

Kiarabu

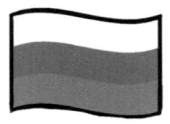

ruski

Kirusi

portugalski

Kireno

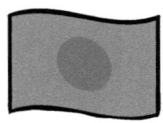

bengalski

Kibengali

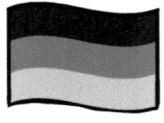

njemački

Kijerumani

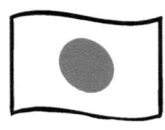

japanski

Kijapani

ja
mimi

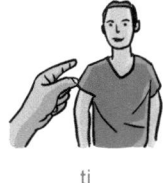

ti
wewe

on / ona / ono
yeye / yeye / ni

mi
sisi

vi
wewe

oni
wao

tko?
nani?

što?
nini?

kako?
jinsi gani?

gdje?
wapi?

kada?
lini?

ime
jina

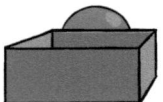

iza

nyuma

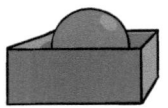

u

katika

ispred

mbele ya

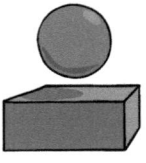

preko

juu ya

na

kwenye

ispod

chini ya

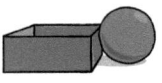

pored

kando

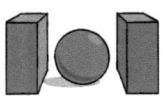

između

kati

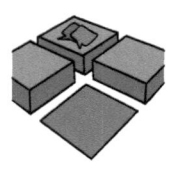

mjesto

mahali